Einsterns Schwester

Schwester

3

Arbeitsheft

Herausgegeben von
Roland Bauer
Jutta Maurach

Erarbeitet von
Wiebke Gerstenmaier, Sonja Grimm,
Ursula Oswald, Annette Rothfuß

Cornelsen

Inhaltsverzeichnis

Ich bin Lola und ich helfe dir.

So kannst du mit den Heften arbeiten

Du machst alle
Seiten der Lernportion .

Zuerst im
grünen Heft.

Dann im
roten Heft.

Dann im
gelben Heft.

Und dann im
blauen Heft.

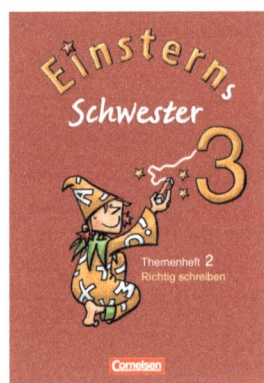
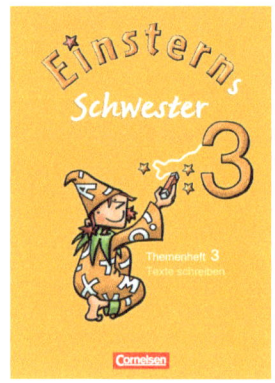

Danach machst du in
allen Heften die Lernportion .

Nun machst du in
allen Heften die Lernportion .

Zu jeder
Lernportion
kannst du
im Arbeitsheft
arbeiten.

Genauso bearbeitest du
alle anderen Lernportionen.

Dieser Hinweis zeigt dir,
welches die passende Seite
im Themenheft ist.

Nomen für Gefühle erkennen und bilden

1 Kreise alle Nomen ein, die Gefühle ausdrücken.

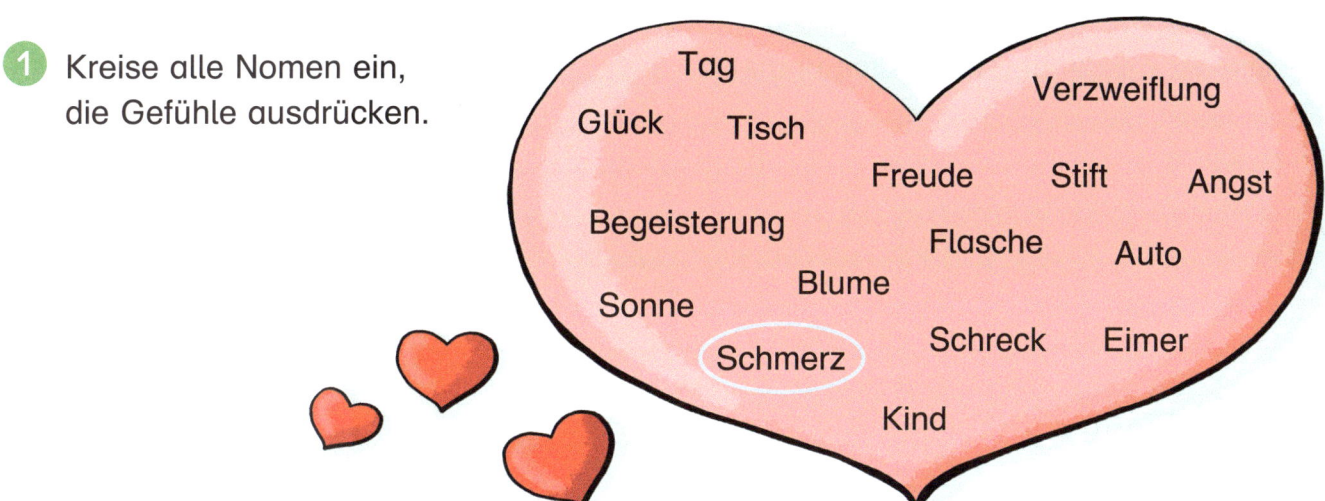

2 Setze die verpurzelten Buchstaben zu einem Nomen für Gefühle zusammen. Schreibe es auf die Linie unter das Kästchen.

t u W	l o S t z	e b L ie	r Ä e g r	e r T au r

3 Trage die Nomen für Gefühle aus Aufgabe **1** und **2** nach dem Artikel sortiert in die Tabelle ein.

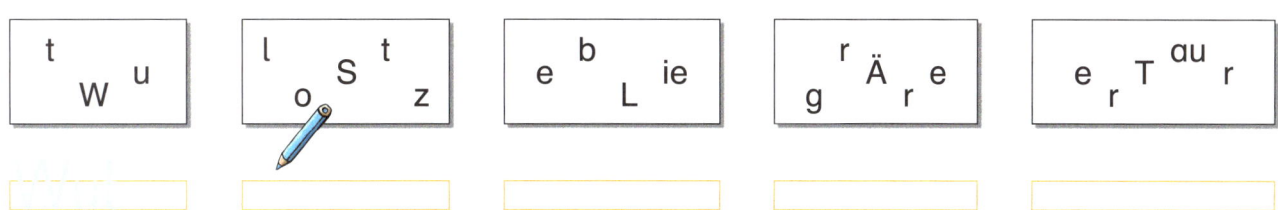

der	die	das

Pronomen passend eintragen

1 Finde die passenden Pronomen und setze sie ein.

wir	er	es	sie	es

Tim und Lisa gehen nach der Schule auf den Rummelplatz.

Sie kaufen sich ein Eis. _____ schmeckt richtig gut.

Ben steht am Riesenrad. Dort will _____ unbedingt

eine Runde mitfahren. Tim und Lisa gehen lieber zu den Boxautos.

Sie rufen: „Hier haben _____ viel Spaß!"

An der Geisterbahn steht ein kleines Mädchen und weint.

_____ wird von seiner Mutter getröstet.

2 Setze die passenden Pronomen ein.

Jeden Morgen geht Tim mit Lisa zusammen zur Schule.

Jeden Morgen geht _____ mit Lisa zusammen zur Schule.

Frau Maier führt um diese Zeit immer ihren Hund an der Leine aus.

_____ führt um diese Zeit immer ihren Hund an der Leine aus.

Beim Bäcker kaufen die Kinder noch ein frisches Brötchen.

Beim Bäcker kaufen _____ noch ein frisches Brötchen.

Das Brötchen kostet 30 Cent.

_____ kostet 30 Cent.

Meine Freundin und ich haben heute noch Schwimmunterricht.

_____ haben heute noch Schwimmunterricht.

Wörter in Sprechsilben gliedern

1 Spure die Linien mit verschiedenen Farben nach. Schreibe dann die Wörter mit dem passenden Begleiter auf und zeichne die Silbenbögen ein.

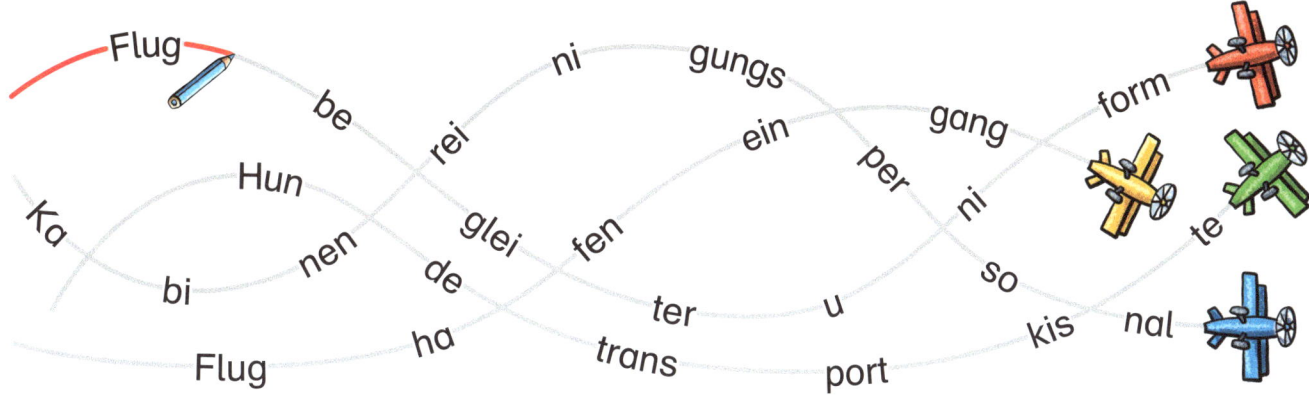

Flug · be · ni · gungs · ein · gang · form
Hun · rei · per · ni
Ka · glei · fen · so · te
bi · nen · de · u · kis · nal
Flug · ha · trans · ter · port

_____

_____

_____

_____

2 Setze die fehlenden Silben ein.

Heute wer_____ ich zum ers_____ Mal mit_____ nem Flugzeug fliegen.

Ich hal_____ meine Ta_____ ganz fest.

Den Koffer_____ ben wir schon_____ Schalter auf_____ geben.

Wir_____ gen_____ Si_____ heitsgurt an.

Das_____ zeug hebt ab. In_____ nem Bauch kribbelt_____.

Ich_____ be einen Fens_____ platz und kann al_____ gut sehen.

Wie schön_____ Welt von o_____ aussieht.

Silben sprechen und Wörter richtig trennen

1 Zeichne die Silbenbögen ein. Kreise alle 13 Nomen ein.

Meine Oma ist sehr tierlieb. Sie nimmt alle Tiere bei sich auf,

die alt oder krank sind und kein Zuhause mehr haben.

Jeden Winter kümmert sie sich um kleine Igel,

die die kalte Jahreszeit sonst nicht überleben würden.

Zurzeit gehören zwei Hasen, eine Ziege, eine Amsel,

eine Fledermaus, ein eigensinniger Esel und sogar

ein Uhu zu ihrem Zoo.

Achtung!
Ein Buchstabe darf nie
allein stehen!

2 Ordne alle Nomen von Aufgabe **1**.

a) Diese Namenwörter kann ich trennen:

b) Diese fünf Namenwörter kann ich nicht trennen:

Eine Wörtersammlung erstellen

1 Betrachte das Bild.

2 Ergänze Wörter zu diesem Bild. Notiere das Thema.

Thema:

3 Ordne die Wörter den richtigen Oberbegriffen in der Tabelle zu.

| Zugbrücke | Misthaufen | Turnier | Sprungturm | Badehose | Traktor |

| Wassergraben | Stall | Burg | Umkleidekabine | Heu | Bademeister |

Bauernhof	Schwimmbad	Ritter

Oberbegriffe verwenden

1 Sammle weitere Oberbegriffe zum Thema **Zoo**.
Trage sie in den Cluster ein und finde Wörter zu den Oberbegriffen.

> Du kannst den Cluster natürlich auch erweitern.

Eisbären

Braunbären

Bären

Raubtiere

Zoo

Fische

2 Wähle einen Oberbegriff aus. Schreibe mit Hilfe des Clusters einen kurzen Text.

Lesen üben – genaues Hinsehen trainieren

1 Lies den Text vor, ohne das Heft zu drehen.

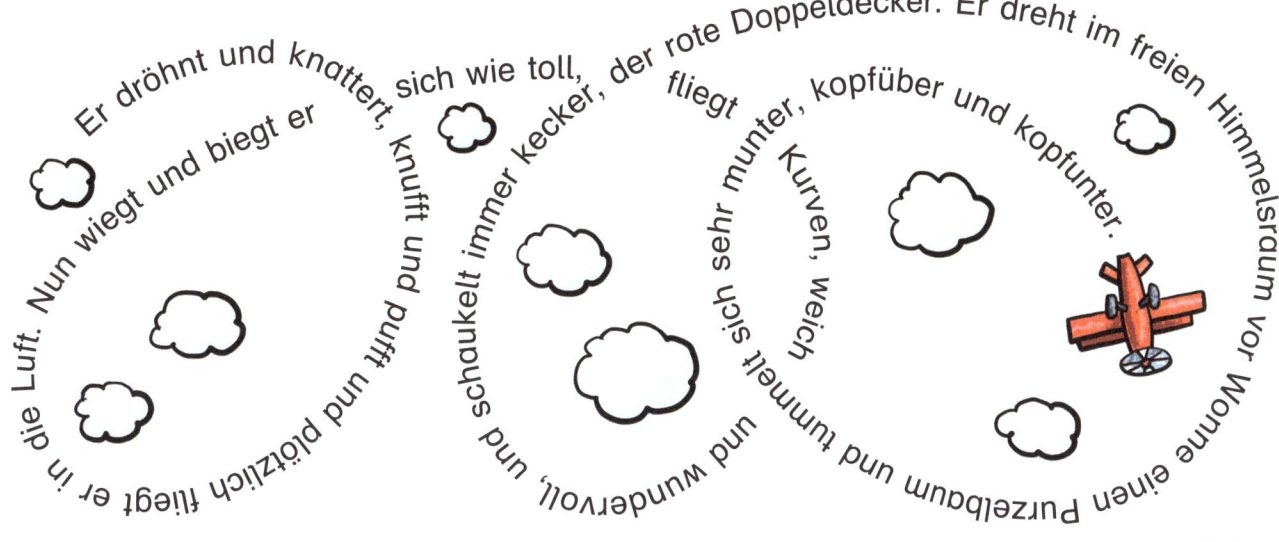

Er dröhnt und knattert, sich wie toll, fliegt kecker und kecker, der rote Doppeldecker. Er dreht im freien Himmelsraum vor Wonne einen Purzelbaum und tummelt sich sehr munter, kopfüber und kopfunter. Kurven, weich und wundervoll, und schaukelt immer kecker, knufft und pufft und plötzlich fliegt er in die Luft. Nun wiegt und biegt er

James Krüss

2 Suche im linken Feld die Zahl 1 und schreibe sie im rechten Feld
in das richtige Kästchen. Suche danach die 2, anschließend die 3 usw.

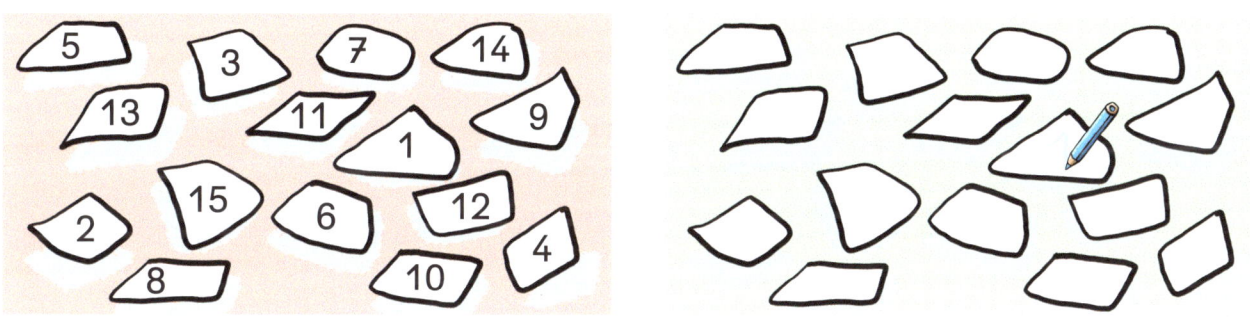

3 In dem Wortgitter stehen 13 Wortpaare und 4 einzelne Wörter.
Finde möglichst schnell alle Wörter, die nur einmal vorkommen.
Streiche dazu die doppelten Wörter durch.

Eimer	gähnen	er	das	oft
das	Eimer	viel	leben	Heimat
Wort	retten	Fluss	Name	los
viel	leben	Heimat	oft	Name
mager	er	Affe	mager	Fluss
Dreirad	bei	los	Dreirad	retten

Verben erkennen, Grundform bilden

1 Unterstreiche im Text alle Verben und trage sie in die Tabelle ein.

Das Fußballturnier

Heute gehen Felix und Jonas nach der Schule zu einem Fußballturnier.

Schnell fahren sie mit ihren Fahrrädern los. Auf der Straße gibt es

viel Verkehr. An der nächsten Kurve biegen sie ab. Da passiert es.

Jonas rast zu schnell um die Ecke und stürzt vom Fahrrad. Felix sagt:

„Du blutest am Knie. Ich habe ein Pflaster dabei." Jonas antwortet:

„Wie gut, dass wir immer einen Helm auf dem Kopf tragen."

Personalform des Verbs	Grundform des Verbs
sie gehen	gehen

2 Unterstreiche den Wortstamm der Verben in der ersten Spalte.

Nomen mit ä und äu ableiten

1 Setze ä und äu ein. Schreibe in die Klammern das verwandte Wort.

Am Rande des St_____dtchens (_____) stehen schöne

H_____ser (_____), in denen Familien mit vielen Kindern

wohnen. Die Kinder spielen in den G_____rten (_____)

mit B_____llen (_____) oder fahren mit ihren R_____dern

(_____) auf den Gehwegen. Sie sind beim Spielen

aber vorsichtig und achten auf die Z_____ne (_____)

und die neu gepflanzten B_____me (_____).

2 Fülle die Tabelle aus.

a) Suche das Blitzableiterwort oder die Verkleinerungsform.

Klein ist:	Groß ist:

b) Trage selbst weitere Wortpaare ein.

Wörter mit b, d und g verlängern

1 Kreise alle Wörter ein, die am Wortende mit b, d oder g geschrieben werden.
Schreibe als Beweis das Verlängerungswort darunter.

	Zwerge			

2 Sophies Postkarte hat Flecken bekommen. Ergänze die fehlenden Buchstaben.
Trage am Rand das Verlängerungswort ein.

Liebe Mia,

viele Grüße aus dem Urlau b .   Urlaube

Hier war es bis gestern sonni ⟋ und heiß.

Heute war es leider trü

und windi .

Aber es gi t viel anzusehen,

auch wenn Tobi lieber am Stran

lie t.

Papa hat uns heute eine alte Bur

gezei t.

Liebe Grüße, deine Sophie ✿

1 Lies beide Briefe.
Finde fünf wesentliche Unterschiede und unterstreiche sie.

Dreibirken, 12.12.2011

Hallo Bademeister,

ich war am Dienstag, dem 11.12. von 17:30 Uhr bis 19:00 Uhr im Schwimmbad. Ich habe meine blaue Taucherbrille und meine rote Schwimmnudel beim Kinderbecken liegen gelassen. Hast du beides gefunden? Gibt es ein Fundbüro? Oder kannst du beides ins Bademeisterzimmer legen? Ich komme nächste Woche wieder und hoffe, dass ich alles wieder bekomme.

Svenja Müller

Svenja Müller ◎ Ahornweg 3 ◎ 22564 Dreibirken

Dreibirken, 12.12.2011

Fundsachen

Sehr geehrter Herr Bademeister,

ich war am Dienstag, dem 11.12. von 17:30 Uhr bis 19:00 Uhr im Schwimmbad. Ich habe meine blaue Taucherbrille und meine rote Schwimmnudel beim Kinderbecken liegen gelassen. Haben Sie beides gefunden? Gibt es ein Fundbüro? Oder können Sie beides ins Bademeisterzimmer legen? Ich komme nächste Woche wieder und hoffe, dass ich alles wieder bekomme.

Vielen Dank!
Mit freundlichen Grüßen,
Ihre Svenja Müller

Sich in einem Prospekt informieren

1 Lies den Prospekt.

Rahme die Informationen ein und verbinde sie mit den Fragen.

Was?

Wo?

Wann?

Wer?

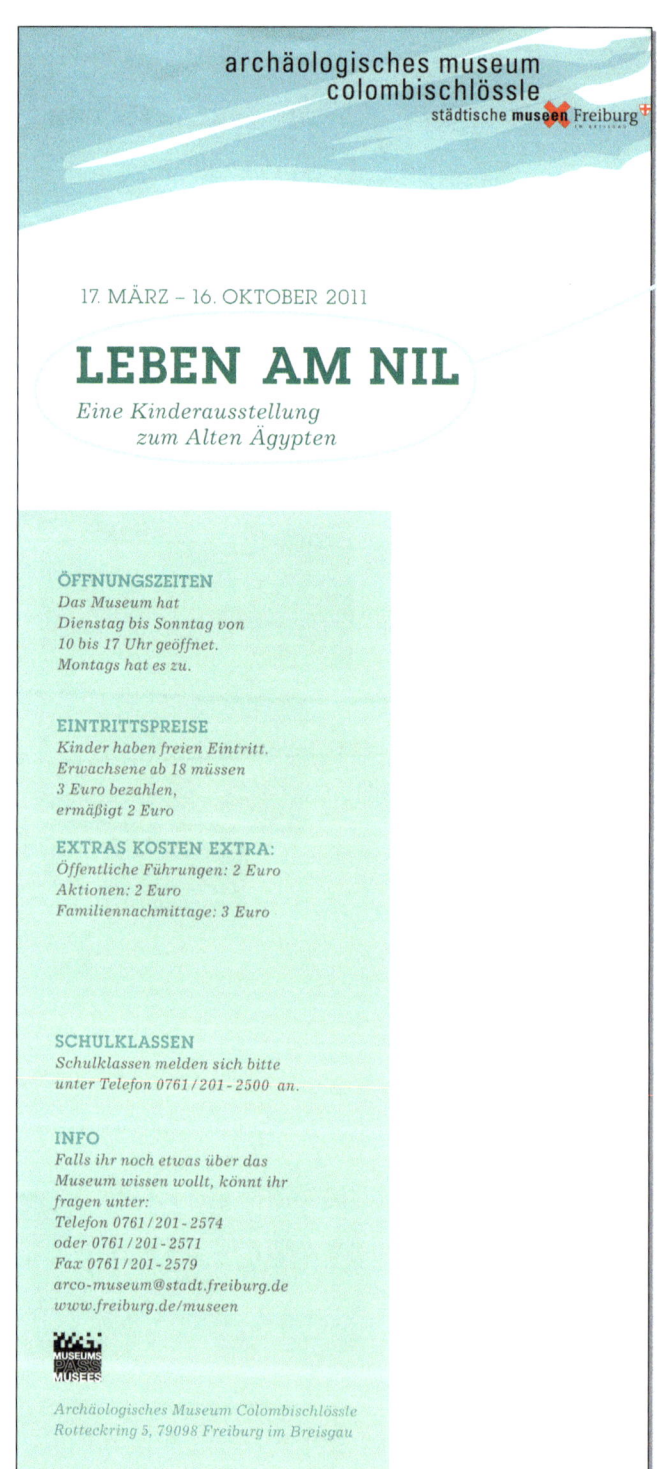

archäologisches museum
colombischlössle
städtische **museen** Freiburg

17. MÄRZ – 16. OKTOBER 2011

LEBEN AM NIL

*Eine Kinderausstellung
zum Alten Ägypten*

ÖFFNUNGSZEITEN
*Das Museum hat
Dienstag bis Sonntag von
10 bis 17 Uhr geöffnet.
Montags hat es zu.*

EINTRITTSPREISE
*Kinder haben freien Eintritt.
Erwachsene ab 18 müssen
3 Euro bezahlen,
ermäßigt 2 Euro*

EXTRAS KOSTEN EXTRA:
*Öffentliche Führungen: 2 Euro
Aktionen: 2 Euro
Familiennachmittage: 3 Euro*

SCHULKLASSEN
*Schulklassen melden sich bitte
unter Telefon 0761 / 201 - 2500 an.*

INFO
*Falls ihr noch etwas über das
Museum wissen wollt, könnt ihr
fragen unter:
Telefon 0761 / 201 - 2574
oder 0761 / 201 - 2571
Fax 0761 / 201 - 2579
arco-museum@stadt.freiburg.de
www.freiburg.de/museen*

MUSEUMS
PASS
MUSEES

*Archäologisches Museum Colombischlössle
Rotteckring 5, 79098 Freiburg im Breisgau*

Wie teuer?

Ein Bild zu Sätzen malen

1 Zeichne nach der Anweisung.

Verbinde mit einem roten Stift die obere linke Ecke mit der unteren rechten Ecke. Verwende ein Lineal.

Verbinde ebenso die beiden anderen Ecken mit einem blauen Stift.

Zeichne um das Kreuz in der Mitte einen gelben Kreis.

Schreibe in das untere Dreieck in deiner Lieblingsfarbe mit Großbuchstaben deinen Vornamen.

Verbinde mit einem schwarzen Stift die Mitte des oberen Randes mit der Kreuzmitte, sodass zwei kleine Dreiecke entstehen.

Male das linke kleine Dreieck orange aus. Schreibe in das rechte kleine Feld dein Alter mit einer Zahl.

Male in das rechte große Dreieck fünf unterschiedlich große lila Punkte.

Zeichne in das letzte Dreieck ein Zebramuster ein.

Ein Leserätsel lösen

1 Schneide die Legeteile aus.

2 Ordne die Vogelhäuser richtig an.
Lies dazu die Beschreibung genau.

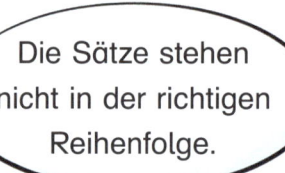

Die Sätze stehen
nicht in der richtigen
Reihenfolge.

Das Vogelhaus mit dem lila Dach steht nicht
neben dem gelben Vogelhaus.

Das Vogelhaus links ist grün.

Das gelbe Vogelhaus hat ein schwarzes Dach.

Das rote Vogelhaus steht zwischen
dem blauen und dem grünen Vogelhaus.

Das Dach des roten Vogelhauses
ist braun gestrichen.

Im Vogelhaus mit dem grauen Dach
brütet die Amsel.

In den Vogelhäusern wohnen eine Meise,
eine Amsel und ein Rotkehlchen.

Ein Vogelhaus ist leer.

Das gelbe Vogelhaus hat keinen Bewohner.

Das Vogelhaus der Meise steht nicht am Rand.

3 Lies die Beschreibung nochmals und überprüfe deine Lösung.

Vergangenheitsformen von Verben zuordnen

1 Immer zwei Verbformen gehören zusammen.
Verbinde sie.

sie bügelte	spielen	sie kochte	tragen

bügeln	schreiben	er spielte	trinken

er geht	kochen	er trank	wir trugen

sie schrieb	gehen	sie putzte	putzen

2 Trage die fehlenden Formen in die Tabelle ein.

Grundform	Gegenwart	Vergangenheit

Wörter mit sch, sp und st finden

1 Finde im Buchstabengitter fünf Wörter mit SCH und male sie gelb an.

S	K	S	C	H	W	I	E	R	I	G	C
P	S	T	O	C	K	B	T	I	X	A	H
R	T	E	H	R	C	S	P	Ä	T	V	E
I	E	I	B	S	O	S	C	H	L	A	U
N	D	N	A	L	G	K	W	U	R	D	L
G	W	Ü	N	S	C	H	E	N	O	T	Z
E	M	I	X	R	U	V	H	C	N	E	O
N	R	S	P	A	N	N	E	N	D	B	R
L	O	C	A	G	E	S	C	H	E	N	K
S	C	H	A	T	Z	T	S	T	A	R	K

2 Setze die Wörter aus Aufgabe **1** im Lückentext ein. Bilde die richtige Form.

Du _____ dir zum Geburtstag eine Schatzsuche?

Zuerst suchst du ein gutes Versteck für die Kiste mit kleinen

_____ . Dann zeichnest du eine _____ karte.

Mach es ruhig etwas _____ , denn Schatzsucher

sind _____ !

3 Finde im Buchstabengitter sechs Wörter mit SP oder ST.

a) Male sie rot an.

b) Trage sie dort ein.

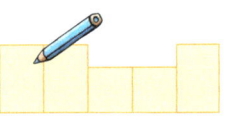

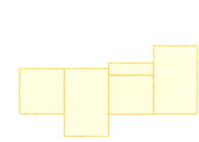

Unterschiedliche Satzanfänge nutzen

1 Lies die Textbausteine durch. Finde die richtige Reihenfolge.
Unterstreiche die Satzanfänge.

Ich freute mich mit ihr
im Bett Gruselgeschichten
zu lesen.
Ich schlief bald ein.

Ich durfte letztes Wochenende
bei meiner Freundin übernachten.

Ich hörte lautes Lachen.

Ich schaute und sah meine
Freundin im hell erleuchteten
Zimmer mit einem Brot in
der Hand stehen. Ich erfuhr,
dass sie in der Küche den
Lichtschalter nicht gefunden
hatte.

Ich wurde von einem Geräusch
geweckt.

Ich hörte Klappern und Schritte
und bekam schreckliche Angst.

Ich zog mir die Bettdecke
über den Kopf.

> Diese Wörter können helfen:
> plötzlich, dann, darauf, am Ende,
> danach …

2 Schreibe die Geschichte
abwechslungsreich. Notiere
deine Vorschläge auf den Schreiblinien.

Ein Erlebnis abwechslungsreich erzählen

1 Schau dir die Bilder an.
Sammle für jedes Bild Wörter zum Wortfeld sagen.

2 Setze passende Wörter zum Wortfeld „sagen" in den Text ein.
Achte auf die Zeitform Vergangenheit.

Das neue Kleid

1. Marie war dabei, aus Emils Wolle ein neues Kleid zu stricken.

   Marie _____ Emil: „Du wirst sehen, das neue Kleid

   wird wunderschön werden."

2. Marie betrachtete sich im Spiegel und _____ :

   „Das neue Kleid steht mir ausgezeichnet."

   Da bemerkte sie Emil im Spiegel und _____ :

   „Oh je, du frierst ja!"

3. „Das neue Kleid passt dir wie für dich gestrickt",

   _____ Marie und streichelte Emil liebevoll.

Einen Lebenslauf lesen und sortieren

1 Bringe den Lebenslauf in die richtige Reihenfolge.
Achte auf die Jahreszahlen.

Ein Leben für die Kunst

| | 1840 | Claude Monet wird am 14. November in Paris geboren. |
| 1 | | |

| 1845 | Claude zieht mit seinen Eltern nach Le Havre ans Meer. |
| 2 | | |

| 1859 | Monet geht nach Paris zurück und studiert Malerei. Dort lernt er andere Maler und seine spätere Frau Camille kennen. |

| 1916 | Er malt sein größtes Werk „Seerosenteich mit Trauerweiden". |

| 1883 | Endlich bekommt Claude Monet eine eigene Ausstellung, sodass er nach und nach berühmt wird. Er zieht mit seiner zweiten Frau Alice und den Kindern nach Giverny. Dort malt er viele Bilder im Garten. |

| 1878 | Sein zweiter Sohn Michel erblickt das Licht der Welt. |

| 1926 | Claude Monet stirbt am 5. Dezember in Giverny. |

| 1867 | Sein erster Sohn Jean wird geboren. |

| 1879 | Seine Frau Camille stirbt. |

| 1874 | Monet zeichnet das Bild „Impression Sonnenaufgang". Den Leuten gefällt es nicht. Sie bezeichnen seinen Malstil als „Impressionismus". Eine neue Kunstrichtung ist entstanden und das Bild wird später weltberühmt. |

2 Lies den Text noch einmal in der richtigen Reihenfolge.

Fragen zu einem Lebenslauf beantworten

1 Kreuze die richtige Antwort an, ohne im Steckbrief nachzuschauen.

Der französische Maler heißt

◯ Carl Monet   ◯ Claude Monet   ◯ Claude Manet

Seine Geburtsstadt ist

◯ Paris   ◯ Giverny   ◯ Le Havre

Er malt viele Bilder

◯ in der Stadt   ◯ in seinem Garten   ◯ am Meer

Seine erste Frau heißt

◯ Alice   ◯ Michele   ◯ Camille

Sein Sterbedatum ist der

◯ 14. November 1840   ◯ 5. Dezember 1926   ◯ 14. Dezember 1940

Seine Söhne heißen

◯ Michael und Jan   ◯ Michel und Camille   ◯ Michel und Jean

2 Finde die Namen der beiden Bilder aus dem Steckbrief heraus.

1 Dieser Artikel soll in einer Schülerzeitung erscheinen. Lies noch einmal das Interview von Seite 15 im Themenheft und ergänze die fehlenden Wörter.

Traumberuf Tierpfleger?

Die Arbeit als Tierpfleger ist schön, aber auch ganz schön _____

_____ . Ein Tierpfleger muss kräftig _____

können und bei Wind und Wetter _____ arbeiten.

Einem Tierpfleger bleibt meist nur _____ , die Tiere

zu streicheln, denn er benötigt viele Stunden, um die _____

_____ zu reinigen und die Tiere zu _____ .

Trotzdem ist ein gutes _____ zu den Tieren wichtig,

damit sie sich z. B. beim _____ nicht wehren. Um Tierpfleger

zu werden, muss man eine dreijährige _____ machen.

---

2 Wähle einen Beruf, zu dem du gerne etwas erfahren würdest.
Schreibe passende Fragen für ein Interview auf.

Beruf:

Eine Bildergeschichte verstehen

1 Nummeriere die Bilder in der richtigen Reihenfolge.

Erzähle weiter:
Es war einmal …

2 Ordne den Stichworten das passende Bild zu.

Im Wald, Wolf fragt: „Wohin?" Rotkäppchen pflückt Blumen.	„Warum hast du so große …?" – „Damit ich dich besser …!"	Großmutter ist krank, Rotkäppchen soll Kuchen bringen. Hüte dich!
Jäger hört Schnarchen, findet den Wolf.	Jäger schneidet den Bauch auf, rettet beide.	Wolf will beide fressen, läuft schnell zur Großmutter, frisst sie auf.

3 Trage die Nummern der Bilder ein, die in Aufgabe **2** fehlen.
Schreibe selbst passende Stichworte dazu auf.

Adjektive bilden

1 Ergänze die richtige Endung -ig oder -lich der Adjektive und schreibe sie auf.

spaß_____,   feier_____, sport_____, fleiß_____

_____

2 Bilde aus den unterstrichenen Nomen im Text
jeweils ein Adjektiv mit -ig und -lich und trage es in den Text ein.

Max sitzt auf dem Baum und hat <u>Angst</u>.

Er ist mit <u>Mut</u> auf den Ast geklettert.

Nun ist die Leiter einfach umgefallen, obwohl kein <u>Wind</u> weht.

Das ist kein <u>Witz</u>.

Max hat <u>Glück</u>, dass Leon gerade vorbeikommt.

Er stellt die Leiter wieder an.

Max sitzt auf dem Baum und ist _____. Er ist

_____ auf den Ast geklettert. Nun ist die Leiter einfach

umgefallen, obwohl es nicht _____ ist. Das ist nicht

_____. Max ist _____, dass Leon gerade

vorbeikommt. Er stellt die Leiter wieder an.

3 Finde die passenden Nomen zu den Adjektiven.

eisig _____

saftig _____

kindlich _____

natürlich _____

Adjektive steigern

1 Schreibe das Gegenteil der Adjektive auf.

laut – leise   hoch –

lustig –   gut –

billig –   spannend –

hart –   wenig –

schmutzig –   richtig –

2 Fülle die Lücken in der Tabelle mit den passenden Formen.

Grundstufe	1. Steigerungsstufe	2. Steigerungsstufe

schnell	schneller	am schnellsten
	enger	
		am kürzesten
	dünner	
	weiter	
rau		
		am nettesten

Kurzes i und langes ie unterscheiden

1 Male alle Felder mit Wörtern an, in denen das i lang gesprochen wird.

Ein **lang gesprochenes i** wird fast immer **ie** geschrieben! Findest du zwei Ausnahmen im Text?

2 Prüfe, ob der Selbstlaut kurz oder lang gesprochen wird. Setze dann i oder ie ein.

L____be Lena

Heute w____ll ich dir nur einen kurzen Br____f sch____cken.

Dam____t du s____hst, dass ____ch inzw____schen eine Br____lle

habe, sch____cke ____ch ein B____ld von mir m____t.

Ich finde s____ z____ml____ch sch____ck. Und was meinst du?

V____le l____be Grüße von Anna

Kurze Selbstlaute: Wörter mit doppelten Mitlauten

1 Im Puzzleteppich haben sich elf Wörter versteckt.

a) Male zusammengehörende Silben in der gleichen Farbe aus.

mer	jog	ger	Schram	Sinn	don	hop	Bal	rollt
dop	lon	Klam	rennt	löf	Tref	nett	Pfan	fer
Bag	pelt	nern	gen	Biss	feln	ne	me	pelt

b) Setze die Silben zu Wörtern zusammen und schreibe sie auf.

2 Löse das Rätsel und mache durch Verlängern den doppelten Mitlaut hörbar.

Gegenstand zur Haarpflege:

Fällt im Herbst vom Ast:

Anderes Wort für „müde":

Gegenteil von hungrig:

Nicht gerade:

Kommt aus einer Pistole:

Nach einem Text einen Steckbrief schreiben

1 Markiere die wichtigen Informationen im Text.

Der Grizzlybär ist ein Säugetier und lebt in Nordamerika. Er kann bis zu 680 Kilogramm wiegen und 2,5 Meter lang werden. Der Grizzlybär hat einen stämmigen Körper, einen massiven runden Kopf und einen Stummel als Schwanz. Seine Vorderpranken setzt der Grizzly zur Nahrungssuche ein.

Das Grizzlybärjunge kommt lebend zur Welt. Das Neugeborene ist etwa 350 Gramm leicht, 30 Zentimeter winzig, blind, taub und fast nackt.

Bären verbringen die meiste Zeit mit Futtersuche. Sie sind Allesfresser. Sie fressen zum Beispiel Beeren, Nüsse, Pilze oder Insekten, Vögel und Nagetiere. Grizzlys jagen auch große Säugetiere wie zum Beispiel Elche oder Rentiere. Die Bären an der Meeresküste jagen Lachse.

2 Trage deine Informationen in den Steckbrief ein.

Name: _____

Herkunft: _____

Aussehen: _____

_____

_____

Nahrung: _____

_____

Fortpflanzung: _____

_____

Wörter eines Textes erklären

Schwimmtag   *Rolf Krenzer*

Sylvia und ihre Freundinnen tummeln sich im Wasser, spritzen sich nass und

schwimmen um die Wette. Anschließend liegen sie auf der großen Liegewiese

und sonnen sich.

Plötzlich stutzt Sylvia. Ein Mann führt einen Jungen mit beiden Händen. Er geht

5 sehr ungeschickt. Würde ihn der Mann nicht festhalten, müsste er bestimmt fallen.

Der Mann setzt den Jungen vorsichtig auf den Rasen. Dann breitet er eine Decke

aus und hebt den Jungen behutsam drauf. Der Junge hilft, so gut er kann.

Er hat eine Behinderung und kann sich nicht alleine ausziehen. „Ich hole noch

die Tasche!", sagt der Mann und geht mit schnellen Schritten davon.

1 Hier sind Wörter aus dem Text näher erklärt.
Kreuze die passende Erklärung an und setze das Wort ein.

a) Zeile 4: „stutzt" heißt auch:

◯ abschneiden   ◯ hinfallen   ◯ aufmerksam werden

Plötzlich _____ Sylvia _____ ✏️ .

b) Zeile 1: „tummeln sich" heißt auch:

◯ stolpern   ◯ toben   ◯ ausruhen

Sylvia und ihre Freundinnen _____ im Wasser, ...

c) Zeile 5: „ungeschickt" heißt auch:

◯ gemütlich   ◯ schnell   ◯ schwerfällig

Er geht sehr _____ .

d) Zeile 7: „behutsam" heißt auch:

◯ schwungvoll   ◯ vorsichtig   ◯ leicht

Dann breitet er eine Decke aus und hebt den Jungen _____ drauf.

> Das Wort darf den Sinn des Satzes nicht verändern!

10 „Hallo!", sagt der Junge und lacht Sylvia an. „Klasse Wetter!" Da steht Sylvia auf

und geht zu ihm. „Warst du schon im Wasser?", fragt der Junge. Sylvia nickt.

„Es ist herrlich." Sie schaut den Jungen an, schluckt, sagt aber dann doch:

„Schade, dass du nicht schwimmen kannst!" Der Junge lacht. „Warte, bis mein Vater

wiederkommt!", meint er. Als Sylvia zu ihren Freundinnen zurückgeht, flüstert sie

15 Doris zu: „So einer wohnt auch bei uns in der Nachbarschaft. Das ist ein **Spastiker**."

2 Kreuze an, welche Erklärung für das fett gedruckte Wort passt.

◯ Er kann nicht gut sehen und ist fast blind. Darum wird er geführt.

◯ Er kann nicht gut laufen, da seine Arme und Beine sich verkrampfen.

◯ Er kann sich nicht gut bewegen, da er eine Verletzung am Bein hat.

Inzwischen ist der Mann zurückgekommen. Er packt den Jungen mit beiden Händen

und führt ihn zum Schwimmbecken. Die Mädchen laufen hinterher. „Passen Sie auf,

hier ist doch das Becken für Schwimmer!", sagt Sylvia **vorwurfsvoll** zu dem Mann.

Der Mann lacht. Er hebt den Jungen hoch und stößt ihn mit Schwung ins Wasser.

20 Die Mädchen schreien auf. Der Junge **versinkt**. Dann kommt er wieder hoch.

Er **prustet**. Und dann schwimmt er. „Mensch, der kann ja schwimmen!", sagt Sylvia.

„Was dachtest du denn?", lacht der Mann und springt auch ins Wasser.

3 Schreibe die Bedeutung der Wörter aus einem Wörterbuch heraus.

Seite _____ : vorwurfsvoll (der Vorwurf): _____

Seite _____ : versinken: _____

Seite _____ : prusten: _____

Wichtige Wörter suchen

1 Finde mit Hilfe der Wortrahmen die wichtigen Wörter heraus und rahme sie ein.

Wie die Sterne entstanden   *Jutta Radel*

Es ist sehr lange her. Damals, als die Erde gerade

geschaffen war, lag sie wie ein großer, dunkler Ball

im Weltall. Weicher Boden umhüllte die Erde, das Land

war ganz flach und kahl.

Dann kamen die Riesen auf die Erde. Sie hatten im

Erdinneren gelebt, nun waren sie ans Licht gekrochen

und neugierig, wie es wohl da draußen aussehe.

Mit weit ausladenden Schritten wanderten sie über

das Land und staunten, wie allein sie waren.

2 Finde nun selbst wichtige Wörter und rahme sie ein.

Über der Erde wölbte sich der Himmel in einem weiten Bogen.

Es gab Sonne und Mond. Es gab Tag und Nacht.

Die Riesen mochten die Finsternis nicht.

Das machte sie zornig und sie wollten die Nacht vertreiben.

Einmal warfen sie aus Leibeskräften dicke Erdklumpen

bis ans Himmelsgewölbe. Mit den Erdbrocken

durchlöcherten sie das Firmament. Es entstanden

lauter kleine und größere Öffnungen, durch die

auf einmal das Licht des Himmels zur Erde funkelte.

Ja, so entstanden die Sterne.

Antworten in einem Text unterstreichen

Gute Idee *Frauke Nahrgang*

Es ist Winter. <u>Die Wikinger bleiben daheim und wärmen sich am Feuer.</u> Nur

Pelle schleicht hinaus. Er ruft leise: „Weißnase!" Ein kleiner Wolf kommt gelaufen.

Pelle füttert und streichelt ihn. Der kleine Wolf hat kein Rudel mehr. Deshalb

möchte Pelle ihn für immer behalten. Aber Wikinger mögen keine Wölfe.

Wenn sie Weißnase entdecken, ist der kleine Wolf verloren.

Plötzlich dröhnt eine Stimme: „Wolfsalarm!" Es ist der starke Erik. Alle Wikinger

laufen herbei und schwingen ihre Äxte. Der kleine Wolf flieht in den Wald.

Die Wikinger stürmen hinterher. Besorgt läuft Pelle ihnen nach.

Auf einmal bricht ein Schneesturm los. Schnee! Überall Schnee! Die Wikinger

verirren sich. Müssen sie jetzt draußen im Wald jämmerlich erfrieren? Da ruft Pelle

laut: „Weißnase!" Schon ist der kleine Wolf da. Er findet auch im Schneesturm

den richtigen Weg. So führt er alle sicher nach Hause. Erik sagt dankbar:

„Weißnase hat uns gerettet. Wollen wir den kleinen Wolf nicht für immer behalten?"

1 Unterstreiche mit der richtigen Farbe den Antwortsatz im Text.

a) **Was** machen die Wikinger im Winter?

b) **Warum** ist der kleine Wolf Weißnase alleine?

c) **Wer** entdeckt Weißnase doch noch?

d) **Wie** vertreiben die Wikinger den kleinen Wolf?

e) **Welches** Wetter bricht über die Wikinger im Wald herein?

f) **Weshalb** ist Weißnase ein Held?

2 Weißnase hat keine Wolfsfamilie mehr. Schreibe zwei mögliche Gründe auf.

_____

_____

Zusammengesetzte Wörter bilden

1 Trage die zusammengesetzten Wörter in die passenden Tabellen ein.

| hellbraun | meterweit | himmelhoch | nasskalt | federleicht | dunkelblau |

| Bleistift | Ruderboot | Trinkglas | Uhrzeit | Laufrad | Wörterbuch |

Nomen	+	Adjektiv		Adjektiv	+	Adjektiv
Meter		weit		nass		kalt

Nomen	+	Nomen		Verb	+	Nomen
Blei		stift		Trink		Rad

2 Löse die Rätsel, setze die Wörter ein.

Der Saal, in dem man warten muss, ist der _____ .

Ein Bad, in dem man schwimmen kann: _____ .

Der Turm, der im Dunkeln leuchtet, ist der _____ .

Der Schirm, den man bei Regen braucht: _____ .

Das Tier, das seine Kinder säugt, ist das _____ .

Der Zug, der sehr schnell fährt, ist der _____ .

Das Haus, das sehr hoch ist: _____ .

Der Stuhl, mit dem man fahren kann, ist der _____ .

Im Wörterbuch nachschlagen

1 Ergänze den bestimmten Artikel. Schlage dazu die Wörter im Wörterbuch nach.

_____ Kosmos   _____ Radiergummi   _____ / _____ Silvester

_____ Vitamin   _____ / _____ Silo   _____ / _____ Jogurt

2 Suche die abgebildeten Wörter und die Mehrzahlform im Wörterbuch
und trage sie ein.

der _____   die _____

der _____   die _____

der _____   die _____

die _____   die _____

3 Diese Wörter kannst du auf zwei Arten schreiben.
Du findest im Wörterbuch eine weitere Schreibweise. Trage sie ein.

Jogurt oder _____   Ketschup oder _____

4 Kreuze die richtige Schreibweise an. Benutze das Wörterbuch als Hilfe.

◯ Restorant	⊗ Restaurant	◯ Ristaurant
◯ Pyramide	◯ Püramide	◯ Pyramiede
◯ Graipfruit	◯ Grapefruit	◯ Greipfrut
◯ Dedektiv	◯ Dedektif	◯ Detektiv
◯ Karusell	◯ Karrusell	◯ Karussell

Ein Rezept schreiben

1 Hier sind eine Spielanleitung und ein Kochrezept durcheinandergeraten.
Markiere beide Texte in verschiedenen Farben.

Gedächtnisspiel bei Regenwetter / Mozzarellastäbchen

Ein Spieler beginnt und sagt den Satz: Du brauchst folgende Zutaten:
„Es regnet arme Ameisenbären." 1 Mozzarellakugel, 4 Scheiben rohen
Schinken, 1 Ei, Paniermehl, Pfanne mit Öl. Der Nächste wiederholt:
„Es regnet arme Ameisenbären" und fügt vielleicht hinzu: „und bunte
Blumen." Man schneidet den Mozzarella in acht gleich große Scheiben.
Dann umwickelt man den Mozzarella jeweils mit einer halben Scheibe
Schinken. Als Nächstes verquirlt man ein Ei und wälzt die umwickelte
Scheibe darin. Der Dritte wiederholt die beiden ersten Sätze und
fügt einen dritten an, diesmal mit dem Buchstaben C, z. B. „… und creme-
weiße Clowns." Schließlich wendet man die Mozzarellascheiben in Panier-
mehl. Das Spiel ist zu Ende, wenn ihr bei Z angekommen seid. Am Ende
brät man die Scheiben in der Pfanne auf beiden Seiten golden an.

2 Schreibe die Zutaten für die Zubereitung des Rezeptes richtig auf.

Zutaten:

1 Mozzarellakugel

Bild-Zeichen lesen und ordnen

1

a) Beschrifte die Bild-Zeichen.

| Museum | Burg | Bushaltestelle | Autofähre | Theater |

| Wandern | Angeln | Nebel | Regen |

b) Ordne die Bild-Zeichen von oben den Oberbegriffen zu.
Male die Punkte in der richtigen Farbe aus.

● Wetter   ● Straßenverkehr   ● Sehenswürdigkeiten   ● Freizeit

2 Zeichne ein anderes dir bekanntes Bild-Symbol
aus dem „Straßenverkehr" und dem Bereich „Wetter".

Säulendiagramm lesen und zeichnen

1 Die Klasse 3a stimmt darüber ab, welchen Stand sie am Schulfest anbieten wird.
Jedes Kind hat nur eine Stimme. Beantworte die Fragen zum Schaubild.

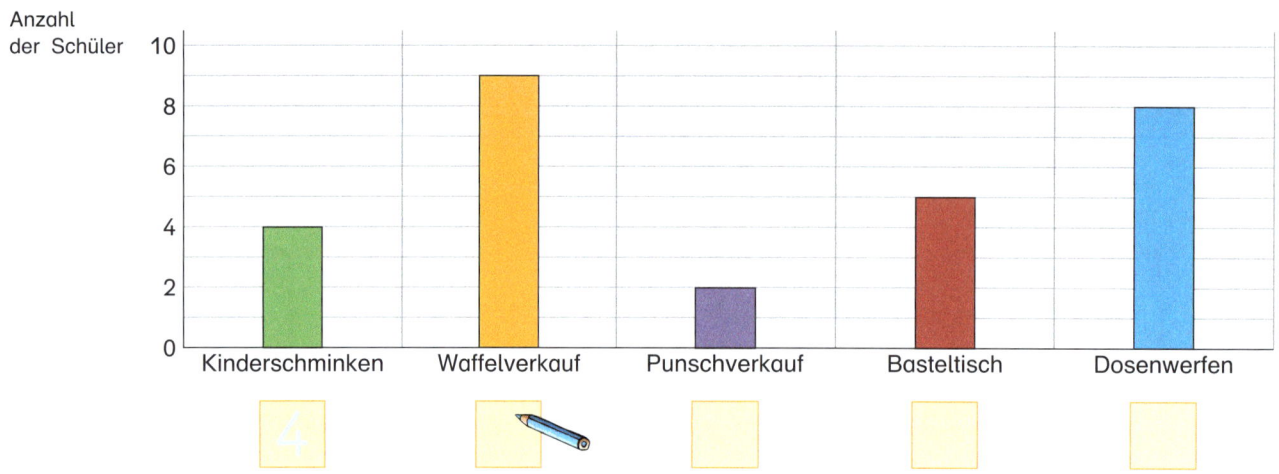

a) Wie viele Kinder möchten welchen Stand anbieten?
Trage die Schülerzahlen in das Kästchen unter der Säule ein.

b) Wie viele Schüler sind in der Klasse 3a? _____

c) Für welchen Stand stimmen die meisten Kinder? _____

d) Welcher Stand erreicht den zweiten Platz? _____

2 Die Schüler wurden zum Standdienst eingeteilt.
Vervollständige das Schaubild.

Uhrzeit	13.00–14.00 **Aufbau**	14.00–15.00 **Verkauf 1**	15.00–16.00 **Verkauf 2**	16.00–17.00 **Verkauf 3**	17.00–18.00 **Abbau**
Schüler-anzahl	7	4	6	5	6

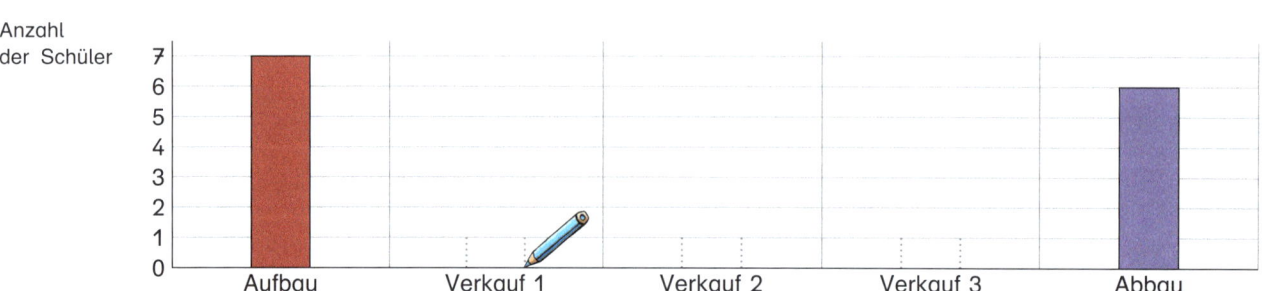

Sich auf einem Stadtplan orientieren

1 Zeichne Lolas Weg rot in den Stadtplan ein.

> Ich stehe am Bahnhof
> und laufe am Wochenmarkt vorbei direkt
> zur Stadtinformation. Danach folge ich der „Oberen Gasse"
> bis zur großen Kirche und biege links in die „Hofstraße" und gleich wieder
> links in Richtung „Poststraße" ab. Nun leihe ich mir ein Buch in der Bücherei aus
> und hole in der Post ein paar Briefmarken. An der Haltestelle gegenüber
> warte ich auf dem Bus. Er bringt mich auf dem kürzesten Weg
> ins Stadtmuseum.

2 Zeichne auch Pauls Weg in Blau ein.

Satzarten erkennen

1 Setze die passenden Satzzeichen ein.

Die Schule befindet sich in einem Schlossgarten ☐

Wusstest du, dass es früher hier ein Schloss gab ☐

Stell dir vor, in der Ruine soll es sogar noch ein Verlies geben ☐

Ob da wohl Leute eingesperrt waren ☐

Zum Glück sind diese Zeiten schon lange vorbei ☐

2 Schreibe die passenden Satzzeichen in die Sprechblasen.

Kommas bei Aufzählungen setzen

1 Leonie und ihre Familie ziehen um.
Nun müssen alle Dinge aus dem Haus
in den Möbelwagen gepackt werden.

Leonie und ihre Familie packen in den Laster _____

_____

_____

_____ und _____ .

Dann fahren sie los.

2 Setze die Kommas.

Leonie und ihre Eltern sind in der neuen Wohnung angekommen.

Nach der Fahrt haben sie Hunger und packen Getränke Brote Obst

und Gemüse aus. Auf dem Fußboden machen sie ein Picknick.

Danach überlegen die Eltern, wohin sie die Teller Tassen Flaschen

und Brotboxen stellen sollen. Leonie schlägt vor, alles in einer Kiste

auf einer Fensterbank oder in dem Waschbecken zu sammeln.

Wörter mit ß

1 Die Buchstaben der folgenden Wörter sind durcheinandergeraten.
Verbessere! Die Bilder helfen dir dabei.

kaßienneG [Gießkanne]   rauStß [   ]

üFße [   ]   aßrSte [   ]

ßlFo [   ]   eibneß [   ]

ßScheiw [   ]   eßeirn [   ]

Jedes Wort darf nur
1x in jeder Zeile, 1x in jeder Spalte
und 1x in jedem bunten Feld
vorkommen.

2 Setze in das Sudoku ein.

| weiße | Geißen | beißen | Füße |

beißen			Geißen
		beißen	
Füße			weiße
	weiße		

Den roten Faden einer Geschichte kennen lernen

1 Lies den Text und markiere in jedem Abschnitt wenige Stichwörter. Schreibe sie in den Kasten daneben.

Flucht in die Zukunft

Justus, Peter und Bob haben unter den Sachen des verschwundenen John Smith ein Buch gefunden.

„Laborbuch", las Peter und klappte es auf. „Das scheint so eine Art Tagebuch oder Protokoll zu sein? Tatsächlich, es ist mit der Hand geschrieben. Vielleicht steht was über die komische Maschine drin?" Sie blätterten hastig die Seiten um und wurden schnell fündig.

– Laborbuch

Justus fuhr fort: „Eintrag Nummer 533. Albert hat den Test gut überstanden. Genau um 12 Uhr, null Minuten und 27 Sekunden wurde Albert wieder zurück in die Gegenwart transportiert. Ich war glücklich, als ich ihn unbeschadet in die Arme nahm. Sein Zeitmesser zeigte auf das Jahr 1864. Schon morgen werde ich selbst meine erste Reise dorthin wagen."

„Lies weiter!", rief Bob atemlos. Doch Justus klappte das Buch zu. „Ich kann nicht weiterlesen. Die Aufzeichnungen enden hier. Nur noch leere Seiten."

Ulf Blanck

2 Schreibe den letzten Textabschnitt mit Hilfe der Stichwörter.

– John Smith
– Hund ausprobiert
– Vergangenheit
– verschwunden
– Zeitmaschine

Den Aufbau einer Geschichte kennen lernen

1 Hier findest du Textteile von zwei Geschichten.
Rahme **Einleitungen**, **Hauptteile** und **Schlüsse** in verschiedenen Farben ein.

4 Er starrte an die Zimmerdecke.
Was war das? Bewegte sich da nicht etwas?
Ein Schatten glitt über Decke und Wände.
Immer wieder veränderte sich seine Form.
Bald war es ein Drache, ein Monster,
ein Geist. Er kam näher und näher.
Lukas zog die Beine zu sich heran.
Nur keine hastigen Bewegungen. Er ver-
suchte nach seiner Mutter zu rufen,
aber es kam nur ein krächzender Laut
aus seinem Mund. „Hilfe!", …

2 Da fielen sich die drei
in die Arme. Papa putzte sich
die Nase und Mama wischte
sich die blaue Farbe aus dem
Gesicht. Egal, was nun kam,
sie würden zusammenhalten.
Immer!

1 Es war an einem Mittwoch.
Lukas lag im Bett und lang-
weilte sich. Krank sein schön
und gut, aber in den Ferien
krank sein war blöd!

3 Als Julian morgens zur Schule aufbrach,
war alles wie immer. Mama saß noch
mit einer Tasse Kaffee und der Zeitung
am Tisch, Papa packte seine Brotdose
in den Rucksack und blickte auf die Uhr.

2 Schreibe auf, welche Textteile zusammengehören.

Textteil _____ und Textteil _____ . Es fehlt folgender Teil: _____ .

Textteil _____ und Textteil _____ . Es fehlt folgender Teil: _____ .

3 Wähle eine Geschichte aus. Sammle Stichpunkte für den fehlenden Teil.

Einen Text vortragen üben

Der Zauberer Kotzmotz ist unglaublich wütend und tritt mit zornglut-funkelnden Augen laut schimpfend vor seine Tür.

1 Unterstreiche die wörtliche Rede so: die wütenden Worte des Zauberers rot, die freundlichen Worte des Hasen blau. Lies dann nur die wörtliche Rede laut vor.

„Entschuldige!", / sagte der kleine Hase, / „**könntest** du

wohl ein kleines bisschen zur **Seite** treten, / du stehst nämlich

direkt vor der **Sonne**, / und dein Schatten ist **groß** und **kalt**." //

Der Zauberer traute seinen **Augen** nicht. / Da stand ein **Winzling** von

einem zerzausten Hasen **vor seinem Haus** / und wich nicht **eine** Kiesel-

steinlänge vor ihm zurück. / Und dieser **Winzling** von einem zerzausten

Hasen, / dessen Ohren es noch **nicht** einmal schafften, auf gleicher

Höhe zu stehen, / wollte, dass **ER**, / **der Zauberer Kotzmotz**, / aus der

Sonne ging? //

Und er reckte sich **noch** höher, / sodass der kleine Hase **noch** kleiner und

noch tiefer unter ihm stand / und **schrie**: // „**DU-HÄSSLICHSTER-WICHT-**

VON-EINEM-HASEN-DEN-DIE-WELT-JE-GESEHEN-HAT-VERSCHWINDE-

SONST-MACH-ICH-SCHNECKENSCHISS-AUS-DIR!" //

„**Oooh**!", / staunte der zerzauste Hase, / der **nichts**, / aber auch nicht

eine **einzige** Silbe von dem langen Wort verstanden hatte. //

„**Oooh**!", / sagte er, / „dieses lange Wort habe ich noch **nie** gehört, / aber

ich muss dir sagen, / es klingt **gar** nicht gut. // Willst du mal ein ganz, /

ganz langes hören, / das viel schöner klingt?"

2 Lies nun den ganzen Text vor. Betone die hervorgehobenen Wörter deutlich, aber nicht übertrieben. Mache kleine Pausen bei / und deutliche Pausen bei // .

Einen Text zum Vortragen vorbereiten

3 Bereite den weiteren Text selbst zum Vorlesen vor.

a) Unterstreiche die wörtliche Rede in der passenden Farbe.

b) Markiere die Wörter, die du betonen willst.

c) Setze eigene Pausenzeichen und übe ein paar Mal.

Er reckte sich hoch auf, knickte sein Knickeohr kerzengerade nach oben, schaute dem Zauberer direkt in seine funkelnden Augen, sodass der auf der Stelle zu blinzeln begann, und sagte langsam und deutlich:

„SEEROSEN-INNENLICHT-GEFLIRR-IM-SONNEN-MORGEN-TAU-GEGLITZER!"

Der Zauberer Kotzmotz traute seinen Ohren nicht.

Dieser Mickerling von einem zerzausten Hasen gab ihm Widerworte, genau genommen das längste Widerwort, das er je in seinem Leben gehört hatte und das dazu noch so seltsam klang, dass er davon eine Gänsehaut bekam und einen Schauer im Herzen.

Und noch nie, noch niemals nie in seinem langen Zaubererleben, und das war SEHR lang, war eine solche Ungeheuerlichkeit vorgekommen.

Brigitte Werner

Die Szene kann man auch gut vorspielen.

Satzzeichen bei der wörtlichen Rede einsetzen

1 Unterstreiche im Text die wörtliche Rede blau und die Redebegleitsätze rot.

Ein Hase und eine Schildkröte liefen einen kleinen Weg gemeinsam.

Der Hase spottete: „Bist du langsam! Du brauchst ja eine Ewigkeit."

Die Schildkröte erwiderte: „Lach nicht über mich!"

„Ich kann sogar schneller sein als du."

Der Hase sagte: „Das kannst du nicht."

Die Schildkröte sagte: „Oh doch!"

Der Hase bot an: „Gut, dann lass uns um die Wette laufen.

Aber ich werde natürlich gewinnen."

2 Setze die passenden Satzzeichen ein.

Schildkröte und Hase baten den Fuchs das Startzeichen zu geben.

Er rief   Achtung – fertig – los!

Der Hase rannte schnell los und sagte zur Schildkröte

 Tschüss, bis später!

Sicher über seinen Sieg machte der Hase eine Pause und erklärte

einer Ameise am Weg   Ich gewinne eh, dann kann ich auch

ein wenig ausruhen.   Kurz darauf war er fest eingeschlafen.

Die Schildkröte dagegen sprach zu sich selbst   Immer weitergehen,

nicht stehen bleiben. Du schaffst das.

Als der Hase erwachte und die Situation erkannte, rannte er

so schnell los, wie er konnte. Doch da war die Schildkröte

schon im Ziel und sagte   Gewonnen!

Kurze Gespräche in wörtlicher Rede notieren

1 Kreise die Verben ein, die zum Wortfeld *sagen* passen.

W	L	U	B	Q	Z	M	A	T
E	S	C	H	R	E	I	T	R
I	R	S	U	L	E	B	I	Ö
N	L	F	R	A	G	T	W	S
T	H	O	T	A	D	J	O	T
E	J	U	B	E	L	T	K	E
A	N	T	W	O	R	T	E	T

Ich habe sechs
Wörter gefunden.

2 Ergänze jeden Redebegleitsatz mit einem passenden Verb.
Setze die Anführungszeichen bei der wörtlichen Rede.

Der Sohn _____ :

  Huhu, mein schöner Schneemann.

Der Vater _____ :

  Dem Übeltäter stellen wir eine Falle.

Der Sohn _____ :

  Wie denn?

Der Vater _____ :

  Pass auf!

Der Vater _____ :

  So geht es nicht.

Der Sohn _____ :

  Du warst prima!

Wörter am Satzanfang großschreiben

1 Finde das Satzende und setze die Punkte ein.
Markiere den Buchstaben am Satzanfang.

gestern ging alles schief zuerst habe ich verschlafen und

hatte keine zeit für das frühstück dann fuhr mir der bus fast

vor der nase weg in der schule merkte ich, dass ich mein sportzeug

vergessen hatte deshalb bekam ich ärger mit dem turnlehrer

und durfte nicht mitmachen dabei ist sport mein lieblingsfach

2 Unterstreiche alle Nomen und schreibe den Text richtig auf. Sprich in Silben.

Abwechslungsreich schreiben

Die Geschichte wird auch interessanter, wenn du verschiedene Satzanfänge benutzt.

1 Überarbeite den Text. Vermeide Wiederholungen. Ersetze Nomen durch passende Pronomen.

Besuch auf dem Bauernhof

Letzte Ferien waren meine Familie und ich auf einem Bauernhof im Schwarzwald. Der Bauernhof gehört Familie Willmann. Familie Willmann betreibt den Hof ganz alleine. Herr Willmann sagte: „Ihr dürft gerne helfen."

Wir halfen Herrn Willmann morgens beim Melken und trieben danach die Kühe heraus. Wir durften auch mit Herrn Willmann auf dem Traktor mitfahren, als die Wiese gemäht wurde. Wir verarbeiteten mit Frau Willmann Milch zu Quark. Frau Willmann zeigte uns, wie wir die Eier bei den Hühnern einsammeln sollten, und backte mit uns einen Kuchen. Eines Nachts weckte uns Herr Willmann. Eine Kuh bekam ein Kälbchen. Das war aufregend.

Wir durften das Kälbchen mit Heu trocken reiben und dem Kälbchen einen Namen geben. Es sollte Flecki heißen, weil es einen braunen Flecken auf der Stirn hatte. Das waren spannende Ferien. Die Ferien gingen viel zu schnell vorbei und ich werde die Tage nie vergessen.

1 Überarbeite den Text als **Rechtschreib-** und **Ausdrucksexperte**.

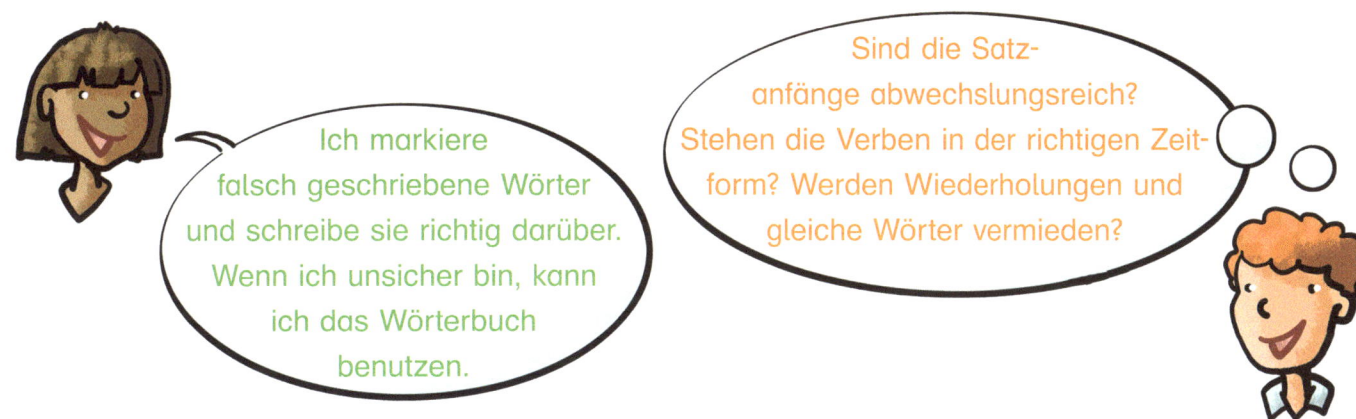

Ich markiere falsch geschriebene Wörter und schreibe sie richtig darüber. Wenn ich unsicher bin, kann ich das Wörterbuch benutzen.

Sind die Satzanfänge abwechslungsreich? Stehen die Verben in der richtigen Zeitform? Werden Wiederholungen und gleiche Wörter vermieden?

Ein nasses Vergnügen

In den Ferien waren meine Eltern mit meiner Schwester Anna und mir

Vergnügungspark   schön

in einem Vergnühgungspark. Dort war es sehr gemütlich.

Wir   erforschten

Anna und ich schritten zum Piratenschiff. Anna und ich erforschen

das Schiff. Anna und ich spielten darauf Versteken.

Anna suche zuerst mich. Sie sprach: „Wo bist du?" und suchte überall.

Vom Krähennest schließlich siht sie mich.

Anna sagte: „Ich hab dich!" und steigt zum Bug des Schiffes.

Ich wollte ihr endkommen. Ich fiel dabei ins Wasser. Ich tönte: „Hilfe!"

Mein Vater rettet mich. Er zog mich an den Armen wieder auf den Kahn,

namm mich in den Arm und beruhigt mich.

Einen Text überarbeiten (2)

1 Überarbeite den Text als **Verständnis-** und **Aufbauexperte**.

a) Unterstreiche die Stellen, die Leser nicht verstehen können, **rot**.

b) Überprüfe die Reihenfolge von Überschrift, Einleitung, Hauptteil und Schluss.

Habe ich noch Fragen zum Inhalt oder zu bestimmten Wörtern?

Sind in der Einleitung die Fragen Wer? Wann? Wo? beantwortet? Ist der Hauptteil ausführlich und interessant? Rundet der Schluss die Geschichte ab? Stimmt die Reihenfolge?

Im Zirkus

Zwei Jongleure jonglierten mit Keulen und brennenden Fackeln. Eine Schlangenfrau verbog sich so, als hätte sie keine Knochen. Der Clown machte Witze, so dass wir uns die Bäuche hielten vor Lachen. Und ein Fakir spukte echtes Feuer. Zum Schluss der Darbietungen kamen alle Artisten in die Manege und jeder führte noch einmal etwas vor. Wir klatschten begeistert, doch der Zirkus war noch nicht aus. Die Zuschauer wurden in die Manege gebeten. Jeder durfte mit Hilfe Artisten ein Kunststück lernen. Wir Kinder bauten eine menschliche Pyramide. Die Artisten klatschten Beifall.

Letzte Woche gastierte ein Zirkus bei uns in der Stadt. Benedict, Luca und ich wollten unbedingt hingehen. Es war ein besonderer Zirkus. Es gab keine Tiere, sondern nur Artisten und eine Überraschung am Ende der Vorstellung.

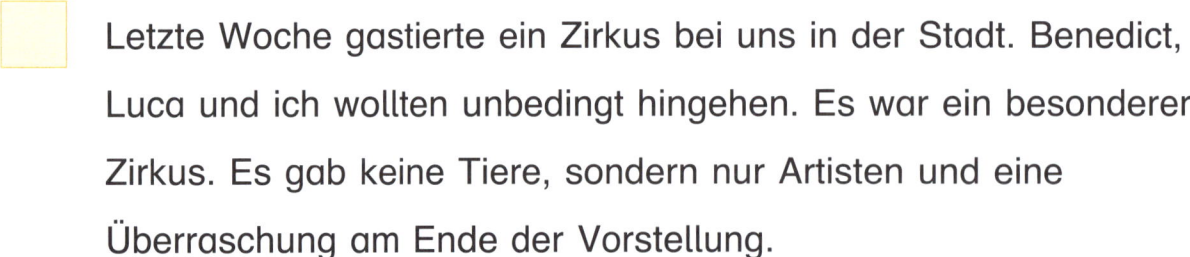

Wir waren mächtig stolz und zu erzählen daheim hatten jede Menge von diesem besonderen Zirkusbesuch zu erzählen.

1 Lies den Text und gestalte dazu,
indem du – die Höhle malst
oder – aufschreibst, was eine Putzfrau bei diesem Anblick sagen würde
oder – die Beute von Grapsch malst oder aufschreibst.

Hier lebt sich's gut – obwohl es stinkt   *Gudrun Pausewang*

Grapsch hauste in einer großen Höhle. (Sie) lag gut versteckt
in einem Dickicht zwischen Sümpfen. Hier war es ganz still.
Nur die Wassertropfen, die von der Felsendecke herabfielen,
machten plopp-plopp. Die Höhle war dunkel und feucht.
Da war es kein Wunder, dass Grapsch immer wieder Taschenlampen raubte!
Taschenlampen, Kerzen und Streichhölzer ließ er bei jeder Gelegenheit mit-
gehen. Überall hingen schlafende Fledermäuse, die nur nachts erwachten
und dann lautlos durch die Höhle segelten. Manchmal verhedderten sie sich
in Grapschs Bart. Aber er schlug sie nicht tot. Er war ja, wie schon gesagt,
kein herzloser Mann.

Es stank fürchterlich in seiner Höhle. Überall war Fledermauskot verkleckert,
und in den Ecken lagen abgenagte Knochen herum. Mitten im Raum stand
ein großer Eichenholztisch mit zwölf Stühlen, daneben ragte ein riesiger
Schrank mit sieben Fächern und dreizehn Schubladen, von denen man aber
nur zwölf sehen konnte. Die dreizehnte war eine Geheimschublade, aber
sie klemmte. In diesen Schrank stopfte Grapsch seine Beute. Unter einem
überhängenden Felsen hatte er sein Bett. Das bestand aus einem Haufen Heu
und einer rosa geblümten Steppdecke, die er einmal einer alten Dame von
der Teppichstange geklaut hatte.

1 Ordne den Fragen die passenden Antwortsätze zu.

Wer wartet vor dem Schulhaus?	Die Uhr ist stehen geblieben.
Wer hält ein Jo-Jo in der Hand?	Der Hausmeister repariert die Uhr.
Was ist stehen geblieben?	Tim und Lisa warten vor dem Schulhaus.
Wer repariert die Uhr?	Tim hält ein Jo-Jo in der Hand.

2 Unterstreiche in den Antwortsätzen von Aufgabe **1** das Subjekt.

3 Setze die Satzglieder auf verschiedene Arten zu einem Satz zusammen.
Unterstreiche in jedem Satz das Subjekt.

Tom	kommt	heute	zu spät

Subjekt und Prädikat erkennen

1 Unterstreiche Subjekt und Prädikat in verschiedenen Farben.

| Die Schule | hatte | eine Sportprojektwoche. |

| Jeden Tag | wählten | die Schüler | eine Sportart. |

| Begeistert | waren | alle | bei der Sache. |

| Zum Abschluss | feierte | die ganze Schule | ein Sportfest. |

2 Stelle jeden Satz so um, dass das Subjekt am Satzanfang steht.

3 Stelle jeden Satz so um, dass das Prädikat am Satzanfang steht.
Was fällt dir auf?

Aus jedem Satz wird ein _____ !

Rechtschreibstrategien erkennen (1)

1 Trage das Strategiezeichen ein, das hilft die richtige Schreibweise zu finden.

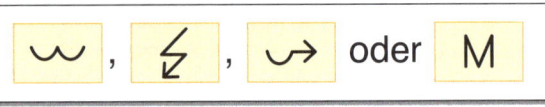 oder **M**

> Jedes Strategiezeichen muss sechs Mal eingetragen werden.

Dabei sein ist alles

M ☐ ☐

Jede ✶✶ortart hat ihre Anh✶nger. Daher ✶✶geistert

☐

eine Weltmei✶✶erschaft Jung und Alt. Es ist egal,

☐ ☐

ob Fußba✶✶ gespielt wird, We✶✶k✶mpfe in der

☐ ☐

Leichtathletik stattfinden oder T✶nzer anmuti✶

☐

durch den Tanzs✶✶l schweben.

☐ ☐ ☐

✶iele Besu✶✶✶r auf den Zuschauerr✶ngen

☐ ☐

schwenken ihre Fa✶nen. Manche Fans sind ✶öllig

☐ ☐

aus dem H✶✶schen und halten Spruchb✶nder

☐ ☐

in die Höhe. Sie kla✶✶✶✶en und jubeln wie wil✶,

☐

wenn ihr Superstar an der R✶✶✶e ist.

☐

Doch ganz gleich wer gewi✶✶t, so ein Sportfest

☐ ☐ ☐

ist für a✶✶e Teilne✶mer ein besonderer Erfol✶.

Rechtschreibstrategien erkennen (2)

1 Umkreise die richtige Schreibweise.
Markiere die richtige Strategie und beweise deine Entscheidung.

Wort	Strategie	Beweis
der Sta✷: Stam oder Stamm?	✷ ⌣ In Silben schwingen (P) ✷ ⚡ Ableiten von einem verwandten Wort (R) ✷ ↪ Weiterschwingen des Wortes (E) ✷ M Merkwort (kein Beweis!)	*Stamm* *die Stämme*
der Fu✷: Fuß oder Fuss?	✷ ⌣ In Silben schwingen (A) ✷ ⚡ Ableiten von einem verwandten Wort (E) ✷ ↪ Weiterschwingen des Wortes (U) ✷ M Merkwort (kein Beweis!) (L)	
die M✷se: Meuse oder Mäuse?	✷ ⌣ In Silben schwingen (S) ✷ ⚡ Ableiten von einem verwandten Wort (E) ✷ ↪ Weiterschwingen des Wortes (R) ✷ M Merkwort (kein Beweis!) (F)	
der Bli✷: Blitz oder Bliz?	✷ ⌣ In Silben schwingen (O) ✷ ⚡ Ableiten von einem verwandten Wort (I) ✷ ↪ Weiterschwingen des Wortes (F) ✷ M Merkwort (kein Beweis!) (A)	
das Moto✷ad: Motorrad oder Motorad?	✷ ⌣ In Silben schwingen (A) ✷ ⚡ Ableiten von einem verwandten Wort (S) ✷ ↪ Weiterschwingen des Wortes (N) ✷ M Merkwort (kein Beweis!) (L)	
run✷: rund oder runt?	✷ ⌣ In Silben schwingen (A) ✷ ⚡ Ableiten von einem verwandten Wort (T) ✷ ↪ Weiterschwingen des Wortes (N) ✷ M Merkwort (kein Beweis!) (U)	
die Oli✷e: Olive oder Oliwe?	✷ ⌣ In Silben schwingen (S) ✷ ⚡ Ableiten von einem verwandten Wort (E) ✷ ↪ Weiterschwingen des Wortes (N) ✷ M Merkwort (kein Beweis!) (T)	

Lösungswort: E __ __ __ __ __ __

Rechtschreibfehler finden

1 Vergleiche die beiden Texte. Markiere die Fehler im rechten Text.

a) Trage die passenden Strategiezeichen (3x ᴗ , 5x ↬ , 1x M) ein.

b) Ergänze zwei fehlende Satzzeichen.

Umzug aufs Land	Umzug aufs Land
Caro sitzt auf der Gartenmauer.	Caro sizt auf der Gartenmauer.
Sie sieht den Möbelpackern zu.	Sie sieht den Möbelpakern zu.
Eine Kiste nach der anderen	Eine Kiste nach der andren
tragen sie in das neue Haus.	tragen sie in das neue Haus.
Papa wollte unbedingt hierher.	Papa wolte unbedingt hierher.
Aufs Land, wo sich bestimmt	Aufs Lant, wo sich bestimmt
kein Ganove hinverirrt. Denn	kein Ganowe hinverirt. Denn
Papa ist Kriminalkommissar.	Papa ist Kriminalkomissar.
Da hat er genug Aufregung	Da hat er genug Aufregung
den ganzen Tag, findet er.	den ganzn Tag, findet er.
Caro seufzt: „Bestimmt wird es	Caro seufzt: Bestimt wird es
hier furchtbar langweilig …"	hier furchtbar langweilig …

Sabine Kalwitzki

Ein Haiku schreiben

1 Überprüfe, welche der Gedichte Haikus sind.
Zähle dazu die Silben jeder Zeile und schreibe sie auf.

2 Rahme die Haikus ein.

Morgenstille hier

sanfter Wind weht durch den Wald

den Blick nach vorne

| 5 |

> Das Wort En-te hat zwei Silben.

Wer den August verschläft,

wacht im Winter hungrig auf.

Fluss

Gleich ist schnell jetzt,

Jetzt ist schnell eben,

Gleich ist bald vorhin.

Matthias Duderstadt

3 Schreibe ein Haiku. Die Wörter im Kasten können dir helfen.

Regenwetter ✿ Sommer am Meer ✿ Blumenwiese ✿ Abendrot

Reimwörter einsetzen

1 Ersetze die Bilder und die Tintenkleckse durch passende Reimwörter.

Probier's mal damit:

Silbermöwe	leid
mich	vertreiben
Schnelle	

Theodor, der  🐙 Tintenfisch

schreibt einen langen Brief an 🔵 ✏️ _____ ,

schreibt eine Karte an Herrn 🐋 _____ ,

schickt auch Post an einen 🐟 _____ ,

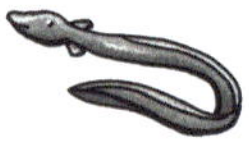

schreibt ein paar Zeilen an den 🦁 _____ ,

gratuliert der 🔵 _____ ,

und dann noch auf die 🔵 _____

einen Gruß an Frau 🦌 _____ .

Wird wohl auch dem Nilpferd ✍️ _____

und sich so die Zeit 🔵 _____ .

Tut er dir nicht richtig 🔵 _____ ,

sieben Briefe zur gleichen 🕐 _____ ?

Detlef Kersten

Zwei Gedichte entflechten

1 Hier sind zwei Gedichte durcheinandergeraten.
Unterstreiche mit zwei verschiedenen Farben, was zusammengehört.

Die Maus *(Kornelia Schrewe)* **Die Wohnung der Maus** *(Johannes Trojan)*

Die Maus hat kleine Füße

und sehr kleine Ohren

Ich frag die Maus:

Wo ist dein Haus?

Die Maus darauf erwidert mir:

und sehr kleine Zähne.

Sag's nicht der Katz, so sag ich's dir.

Treppauf, treppab,

Sie hat dünne Schnurrhaare

und sehr dunkle Augen

erst rechts, dann links,

und dann gradaus –

und kann sehr schnell laufen.

Sie hat ein dunkelbraunes Fell

und einen sehr langen Schwanz

da ist mein Haus,

du wirst es schon erblicken!

und sie riecht sehr schlecht.

Die Tür ist klein,

Die Katze mag sie, wie sie ist.

und trittst du ein,

vergiss nicht, dich zu bücken.

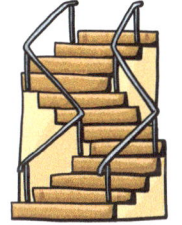

Welches Gedicht gefällt dir besser?

2 Lies nun beide Gedichte getrennt vor.

Einsterns 3 Schwester

Arbeitsheft

Herausgegeben von:	Roland Bauer, Jutta Maurach
Erarbeitet von:	Wiebke Gerstenmaier, Sonja Grimm, Ursula Oswald, Annette Rothfuß und der Redaktion Primarstufe
Redaktion:	Kirsten Pauli
Illustration:	Yo Rühmer
Bildredaktion:	Janin Hacker
Umschlaggestaltung:	klein & halm, Berlin
Layout und technische Umsetzung:	Katrin Tengler

www.cornelsen.de

Alle Drucke dieser Auflage sind inhaltlich unverändert
und können im Unterricht nebeneinander verwendet werden.

Druck und Bindung: Livonia Print, Riga

1. Auflage, 13. Druck 2022
Arbeitsheft
ISBN 978-3-06-080146-6

1. Auflage, 7. Druck 2016
Arbeitsheft mit Lösungen
ISBN 978-3-06-082226-3

PEFC zertifiziert
Dieses Produkt stammt aus nachhaltig
bewirtschafteten Wäldern und kontrollierten
Quellen.
www.pefc.de

PEFC/12-31-006